¡El Scalping es Divertido!

Parte 4: El Trading es Fluir

Traducido al español por Carlos Parra

Heikin Ashi Trader

Contenido

1. Negocia Sólo Cuando sea Divertido...............................3
2. Cuándo No Debes Negociar..9
3. Las Mejores Horas de Negociación 21
   A. Para Traders de Forex...21
   B. Para Traders de Índices Bursátiles 27
   C. Para Traders de Crudo 30
4. ¿Por qué el Scalping Ultra-Rápido es Mejor que Unas Cuantas Operaciones Bien Estudiadas? 32
5. La Disciplina se da Mejor en el Flow 44
6. Instrumentos de Advertencia y Control 51
7. Sé Agresivo Cuando Ganes y Sé Defensivo Cuando Pierdas..58
   Más Libros del Heikin Ashi Trader 66
   Sobre el Autor 69
   Sello Editorial...71

1. Negocia Sólo Cuando sea Divertido

Un trader exitoso no entra en el casino. Él es el casino. Mejor dicho: un trader exitoso juega a las cartas bajo sus propios términos. Él decide cuándo y cómo negocia, y también decide cuando no negociar. En realidad, la habilidad para saber cuándo no se debe negociar es uno de los beneficios cruciales para un trader a la hora de enfrentar el mercado. Es natural que el principiante destine mucho tiempo tratando de encontrar la estrategia adecuada, pero es preferible que trate de encontrar el momento adecuado en donde la estrategia funcione mejor.

En esta cuarta parte de la serie "El Scalping es Divertido" trataré de explicar cuál es el momento adecuado para operar. Como traders, nuestro tiempo es precioso, así que debemos aprovecharlo de la mejor manera y aprender a encontrar esos momentos oportunos para entrar al mercado. Si no logramos encontrarlos, es mejor dedicarnos a otras cosas. Por encima de todo, debemos evitar el *operar por aburrimiento*. Esta situación se presenta cuando el trader siente que nada bueno va a ocurrir en el mercado, pero continúa sentado frente a su pantalla observando los movimientos, casi como por inercia. Lo que es aún peor, de vez en cuando realiza una operación por puro aburrimiento, sabiendo que no llegará a nada. Esta es la conducta que antecede a la adicción en el trading. Así como cualquier cosa puede ser una adicción, el trading también puede convertirse en una.

En retrospectiva, puedo reconocer estos comportamientos durante los primeros años de mi trading. Mi fascinación por el mercado de valores y la oportunidad de ganar dinero de la nada, por así decirlo, crecía día a día. Pasaba mis noches negociando los mercados asiáticos, incluso si acababa de terminar una jornada de 16 horas en los mercados europeo y estadounidense. No creo que deba aclarar que nada bueno salió de esta situación en el largo plazo. Este libro no fue escrito para los comerciantes en riesgo. Fue escrito para mostrarle al scalper los momentos en donde ocurre la "acción" en el mercado, y las herramientas necesarias para sacar el mayor provecho de ella.

Por lo tanto, es importante que sepas encontrar el momento oportuno para negociar, y cuando lo hayas hecho, disfrutarlo al máximo. Esto te ayudará a reducir considerablemente el riesgo a la adicción. De esta manera también te será más fácil desconectar la computadora y dedicarte a otras cosas cuando este momento simplemente no se presente. Siempre habrá un mañana para seguir negociando.

Poder divertirme en el momento adecuado es un medio eficaz contra el riesgo de realizar trading (y overtrading) por aburrimiento. Si tengo una buena estrategia que se ajusta perfectamente a las condiciones del mercado y siento que las probabilidades están a mi favor, entonces mis posibilidades de éxito aumentaran aún más. Esta es la razón por la cual el trader de tendencia es diferente al scalper. Este conocimiento viene con la experiencia, y gracias a Dios la curva de aprendizaje como scalper es más rápida que en otras estrategias. Esto se debe a la mayor frecuencia con la que se realizan las distintas operaciones. No tienes mucho tiempo y debes tomar tu curva de aprendizaje muy en serio, para poder superar el umbral de rentabilidad.

Los traders experimentados saben tener paciencia. No tienen miedo a "cruzarse de brazos" y esperar si la situación así lo requiere. Esto significa, en primer lugar, ser un buen observador del mercado de valores. Necesitas descubrir sobre la base de muchas horas de "lectura de gráfico" cuándo ha llegado el momento para entrar en la acción y cuándo ha llegado el momento para alejarte de ella. Cuando domines esta habilidad, te habrás ganado el derecho a sentarte en la mesa de los Maestros. Recomiendo muy seriamente ser eficiente e inteligente con el manejo de tu tiempo en la bolsa de valores. Las pausas entre sesiones individuales de negociación son de gran importancia. Esto aplica tanto para el break a la hora del almuerzo en el día de trading como para las pausas ocasionales durante el año. En el próximo capítulo, enumeraré una serie de eventos que debes evitar. En la mayoría de los casos no vale la pena negociar durante ellos.

Por lo mismo, planeo mis vacaciones en consecuencia. Un trader amigo me comentó que no había logrado ganancias durante todo el mes de agosto. Peor aún, tuvo pérdidas. Quería operar, aunque sabía que muchos de los banqueros que negocian en el Forex usualmente están de vacaciones durante este mes. Por supuesto, el comercio de divisas no se detiene, ni siquiera en agosto, pero no consiguió ganar. "Debí irme de vacaciones durante esas 4 semanas", me dijo. "Habría sido mucho más barato."

2. Cuándo No Debes Negociar

Saber de antemano cuándo no se debe negociar te puede ahorrar muchísimas horas innecesarias e improductivas en frente de la computadora, y también grandísimas pérdidas. Estos son los momentos en los que es recomendable no operar en el mercado.

Feriados Bancarios: es importante que todo trader de divisas tenga en cuenta los feriados bancarios, considerando que los bancos son los mayores participantes en el mercado Forex. Si los banqueros tienen un día festivo, el volumen comercial se reduce considerablemente. Durante estos días, a menudo experimentarás mercados letárgicos o con movimientos erráticos y repentinos. También notarás que los patrones familiares o fácilmente detectables del mercado son inexistentes. Esto es especialmente cierto para los feriados bancarios en el Reino Unido y en los

EE.UU., los principales centros mundiales de negociación en el mercado de divisas. Esta regla también se aplica a los feriados en otras áreas importantes de divisas en el mundo. Si el día feriado es en Australia, entonces es mejor evitar el dólar australiano. Si es en Japón, entonces no negocies en yenes, etc.

<u>Viernes por la tarde</u>: Muchos banqueros y traders de fondos de cobertura dejan de operar el viernes por la tarde y durante todo el fin de semana. En la mayoría de los casos, cierran sus posiciones antes del fin de semana, una práctica que la mayoría de traders privados ha adoptado. La razón es la llamada brecha de fin de semana. Esta brecha de precios se produce entre el precio de cierre de la noche del viernes y la apertura el domingo por la tarde en el mercado Forex. En los mercados de futuros, es a menudo a las 08.00 EST o GMT.

Nota: Utilizaré la hora **EST** (Hora Estándar del Este, Nueva York, por sus siglas en inglés) para los traders estadounidenses y la hora **GMT** (Greenwich Mean Time) para los traders británicos.

Esta brecha es a menudo insignificante pero a veces puede ser enorme, especialmente si hubo un evento o noticia importante durante el fin de semana. Tal vez se celebraron elecciones o se tomaron decisiones políticas trascendentales (como en la crisis griega). Sin embargo, también se pueden incluir eventos imprevistos como terremotos (¡Japón!), o ataques terroristas. La actividad comercial en la tarde del viernes a menudo se ralentiza y los mercados se vuelven más difíciles de negociar. Personalmente, es raro que opere los viernes por la tarde. Es más, casi no lo hago.

Apertura y cierre del mercado: es recomendable evitar los minutos finales de cada jornada de negociación, al igual que los minutos de apertura. Esto es especialmente cierto en los mercados regulados, como los mercados bursátiles y de futuros. Ten en cuenta que muchos traders de día cierran sus posiciones en el cierre de cada jornada, por lo que la liquidez a menudo puede ser bastante baja en este tiempo. La falta de pedidos puede provocar spreads más amplios, deslizamiento y movimientos inesperados.

Del mismo modo, los primeros minutos de la **<u>mañana del lunes</u>** tampoco deben negociarse. Los traders que cerraron sus posiciones el viernes las vuelven a abrir el lunes por la mañana. Esta práctica puede causar movimientos inesperados.

<u>Vacaciones de invierno y verano:</u> como lo he explicado antes, si los banqueros están de vacaciones, debes hacer lo mismo. El volumen de transacciones de los grandes bancos cae notablemente en este período.

<u>Mercados Asiáticos:</u> aunque he negociado los mercados asiáticos, recomiendo no hacerlo. A no ser que te estés especializando específicamente en acciones japonesas, sería mejor que disfrutaras de tu descanso nocturno. Siempre habrá entusiastas que quieran negociar el índice Hang Seng, pero es un hecho que los mercados europeo y estadounidense ofrecen suficientes oportunidades. La liquidez en el trading de divisas asiático no es comparable con la de la sesión europea y americana.

Por último, **las horas previas a la publicación de importantes noticias económicas.** El calendario te indica cuándo se publicarán noticias o datos económicos importantes. Los participantes en el Forex siempre esperan estos datos. Para ver el calendario que utilizo, visita: www.forexfactory.com.

Tabla 1: Calendario del Miercóles, 14 de Octubre de 2015

El ejemplo de arriba es el calendario para el miércoles, 14 de octubre de 2015 del sitio Forex Factory. Presta atención al color de los pequeños símbolos en forma de fábrica junto a la descripción del mensaje. Cuando su color es amarillo o naranja, la mayoría de las veces la noticia tiene poco impacto en la acción de precio. Por el contrario, el símbolo de color rojo da a entender que la noticia es importante. En esta fecha, hubo dos eventos significativos. A las 10.30 GMT, se publicó el Índice de Ganancias Promedio en el Reino Unido.

Este indicador tenía una gran relevancia para los traders que comerciaban con la libra esterlina.

De igual manera, a las 09.30 EST (14.30 GMT) las ansiosas expectativas por la publicación de las cifras de las ventas minoristas de los Estados Unidos no pudieron ser apaciguadas. Este es un dato económico importante. Observa el estado del EUR/USD antes y después del lanzamiento de las cifras:

Tabla 2: EUR/USD el 14 de Octubre de 2015, Gráfico Heikin Ashi de 2 minutos

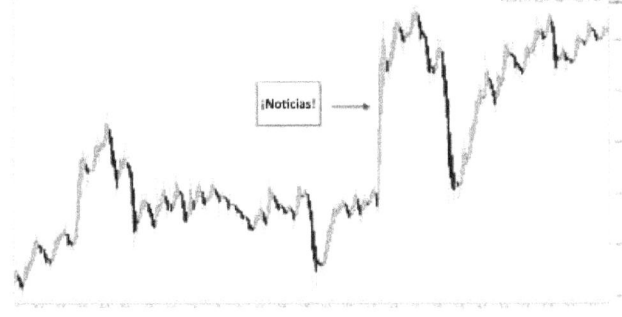

Para el EUR/USD, sólo ha habido un evento importante. Para ser exactos, fue la publicación de los datos sobre las ventas minoristas a las 08.30 EST (13.30 GMT). Antes de eso, hubo un pequeño salto en el euro a las 09.00 GMT durante la apertura del mercado en Londres. Pero a partir de las 10.00 GMT hasta las 13.30 GMT, el par se movió lateralmente en un rango de menos de 10 pips. Es obvio que los actores del mercado esperaron ansiosamente los datos minoristas a partir de las 08.30 EST (13.30 GMT). Tal rango es difícil de negociar haciendo scalping, a menos que seas un especialista en estos mercados en rango. Básicamente, uno podría empezar a operar sólo desde las 08.30 EST (13.30 GMT). Fue sólo después de que se publicaron los datos de ventas minoristas que empezó la acción en el mercado.

Tabla 3: EUR/USD el 22 de Octubre de 2015, Gráfico Heikin Ashi de 2 minutos

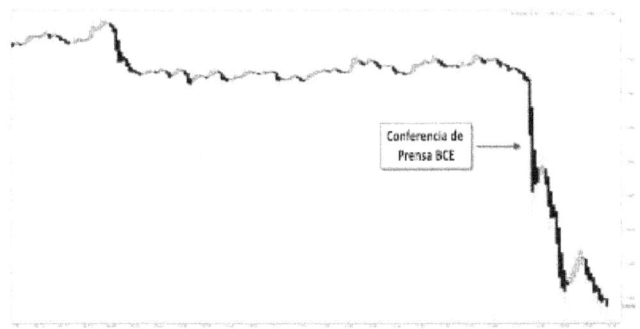

La tabla 3 es bastante clara. El 22 de octubre los traders esperaban a que la tasa de interés fuera determinada por el Banco Central Europeo a las 07.45 EST (12.45 GMT). Hubo poco movimiento en el EUR/USD en las horas previas a esta decisión. También es interesante notar que el mercado apenas se movió durante el anuncio, a las 07.45 EST. No fue sino hasta las 08.30 EST (13.30 GMT) que el mercado giro bruscamente mientras el presidente del BCE, Mario Draghi, realizaba la conferencia de prensa. La acción comenzó a las 08.29 EST (13.29 GMT). Los actores apenas podían esperar.

¿Cuáles son las cifras clave?

- Cifras de los EE.UU
- A continuación, las cifras de la UE, Alemania y el Reino Unido
- Cifras procedentes de Canadá, Australia, Japón, Nueva Zelanda y Suiza

¿Qué cifras tienen el mayor impacto?

- **La política monetaria**: todas las comunicaciones, publicaciones y conferencias de prensa importantes de los principales bancos centrales
- **Datos del mercado laboral:** tasa de desempleo actual en Alemania y el NFP (Non Farm Payrolls, o cifras de empleo no agrícola) a las 08.30 EST (13.30 GMT) el primer viernes de cada mes en los Estados Unidos.

- **Indicadores principales:** el índice de clima de negocios IFO en Alemania y el índice ISM de Gerentes de Compras en los EE.UU.
- **Confianza del consumidor**
- **Producto Interno Bruto (PIB):** un indicador importante en cualquier área monetaria grande
- **Índice de Precios al Consumidor** (IPC: Tema: ¡Inflación!)
- **Índice de Precios al Productor** (IPP)

Tendrás que estudiar el calendario económico si deseas negociar. Es también crucial que entiendas la importancia de los distintos participantes del mercado. Siempre habrá expectativas en los días previos a la publicación de los datos económicos, aunque la mayoría de las veces el mercado está tranquilo antes de la publicación como tal. Es cuando se publican las cifras –y cuando estas expectativas se confirman o no– que el mercado reacciona. Sin embargo, es difícil predecir cómo responderán los actores del mercado a una cifra no esperada. Como scalper, trata de ser flexible en tu respuesta y de no tener ideas preconcebidas sobre las fluctuaciones de compra y venta. ¡Negocia lo que ves! Es también importante estudiar el comportamiento de los participantes del mercado en las horas previas y posteriores a la publicación de los datos. Muchas veces se puede observar que la volatilidad disminuye fuertemente antes de la publicación sólo para volverse loca después de ella.

3. Las Mejores Horas de Negociación

A. Para Traders de Forex

A diferencia de otros mercados, el comercio de divisas funciona todo el día. Por lo tanto, puedes operar 24 horas al día durante la semana; desde el domingo por la tarde a las 17.00 EST (22.00 GMT) hasta el viernes por la tarde a las 17.00 EST (22.00 GMT). Los mercados de divisas no son mercados regulados como el mercado de valores, sino mercados descentralizados con unos pocos centros comerciales alrededor del mundo. Los principales centros están en Londres, Nueva York, Tokio y Sydney. Un "día de negociación" en el comercio de divisas consiste en varias sesiones de trading: la sesión europea, la sesión americana y la sesión asiática.

Tabla 4: Sesiones en el Mercado Forex

Centro Forex	Zona Horaria	Apertura Europa/Berlín	Cierre Europa/Berlín	Estado
Frankfurt Alemania	Europa/Berlín	08:00 AM Oct 6, 2015	04:00 PM Oct 6, 2015	Abierto
Londres Gran Bretaña	Europa/Londres	09:00 AM Oct 6, 2015	05:00 PM Oct 6, 2015	Abierto
Nueva York Estados Unidos	América/NY	02:00 PM Oct 6, 2015	10:00 PM Oct 6, 2015	Cerrado
Sydney Australia	Australia/Sydney	11:00 PM Oct 6, 2015	07:00 AM Oct 7, 2015	Cerrado
Tokio Japón	Asia/Tokio	01:00 AM Oct 7, 2015	09:00 AM Oct 7, 2015	Cerrado

Es interesante notar que el Forex da un ciclo completo alrededor del planeta en 24 horas. Cuando los traders en Tokio terminan su sesión, los traders en Londres la están empezando. Los traders en EE.UU. entran al mercado a las 08.00 EST (13.00 GMT) y operan hasta las 11.00 EST (16.00 GMT). No es raro que se presente una superposición importante entre dos sesiones de trading, por lo que la mayor volatilidad se registra en estos momentos (ver tabla 4). Después de las 11.00 EST (16.00 GMT), se produce una notable disminución en la volatilidad. Del mismo modo, cuando los traders en Nueva York terminan su sesión del día, una nueva sesión empieza en Sydney.

Tabla 5: Volatilidad media EUR / USD por hora (Reino Unido)

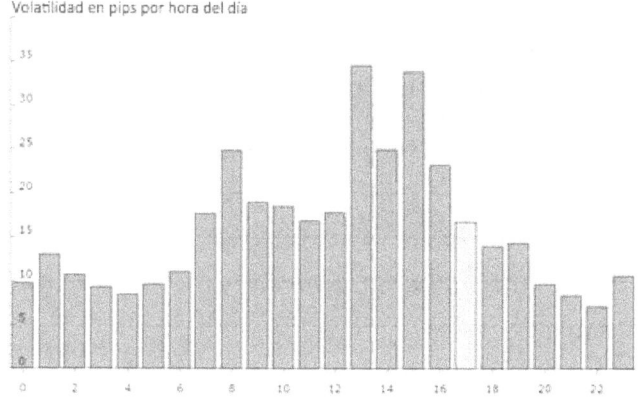

Fuente: www.mataf.net

La tabla 5 ilustra la importancia de las sesiones. La baja volatilidad durante el comercio asiático (extremo izquierdo y derecho del gráfico) es visible. Observa también que el dólar australiano, el dólar neozelandés y el yen japonés fueron las divisas más comercializadas. Sostengo que a menudo es mejor negociarlos en las sesiones europeas y americanas. La razón es simple: según las últimas estadísticas del BIS (Banco de Pagos Internacionales, por sus siglas en inglés), los dos mayores centros de negociación divisas del mundo, Londres y Nueva York, representan casi el 60% de la facturación comercial. Mientras las acciones de Nueva York a 2013 (18,9%) se mantuvieron casi estables en los últimos 10 años, las de Londres registraron un aumento significativo.

En las sesiones de Londres, el 40,9% de las transacciones globales se realizan en el comercio de divisas. En comparación: En 2013, Singapur representó 5,7%, Tokio 5,6% y Hong Kong 4,1%. Esto implica consecuencias de gran alcance para los scalpers de Forex. Es indiscutible que las sesiones de Londres son las horas más importantes de trading en el comercio internacional de divisas. Como trader, encontrarás la mayor liquidez de todos los pares de divisas negociados aquí. Verás que las mejores ejecuciones y los spreads más pequeños cobran una extraordinaria importancia. Además, el deslizamiento es limitado, algo que no siempre se puede decir sobre las sesiones en Asia.

La experiencia demuestra que la volatilidad aumenta 1 hora antes de la apertura de la sesión en Londres. Esto significa que las estrategias de ruptura, por ejemplo, tienen mayor éxito en este momento. Estas estrategias también pueden triunfar con el incremento en la volatilidad que se presenta cuando inicia la sesión en Estados Unidos. ¡Y atención aquí! Las tendencias provenientes de la sesión europea pueden ser confirmadas (seguimiento de tendencia) o experimentar giros abruptos (reverso de tendencia). Esto es el resultado de los datos económicos esperados de los EE.UU. (a menudo a las 08.30 EST, o 13.30 GMT). La tabla 5 muestra que la volatilidad hacia el final de la sesión de Londres (11.00 EST, 16.00 GMT) disminuye, y luego permanece en un nivel bajo durante el resto de la sesión de Nueva York y la sesión asiática. Pero esto también presenta ventajas para los traders cuyas estrategias se basan en los mercados en rango, ya que prefieren estos tiempos más tranquilos. La probabilidad de que los soportes y resistencias se mantengan es significativamente mayor aquí.

B. Para Traders de Índices Bursátiles

En el pre-market (8:00 a 09:00 EST y GMT), todas las noticias o información importante de la noche anterior se procesan en el mercado de futuros sobre índices bursátiles, lo que puede conducir a una mayor volatilidad. A menudo, estos son para los traders en Europa los "pre-ajustes" de Tokio o China y aquellos del próximo mercado de los EE.UU. Para los traders estadounidenses, la percepción de las sesiones comerciales europeas es importante. Si la percepción es "buena", los índices comenzarán en territorio positivo. Si por el contrario es "mala", se pueden esperar más signos negativos. Esto se aplica en principio a todos los mercados de valores, sus índices y futuros. Negociar el pre-market es recomendado sólo para los traders experimentados. Durante el proceso de asimilación de la nueva información se especifica una dirección de tendencia, la cual a menudo se conserva durante el resto del día. Por lo tanto, es lucrativo negociar los patrones de precio del seguimiento de tendencia.

A menudo, el punto máximo o mínimo del día se produce en la primera hora de negociación en los mercados de valores, (09:00 a 10:00 a.m.), pero no siempre es el caso. En días típicos de tendencia, nuevos máximos o mínimos se producirán después de la primera hora de negociación. El mejor momento para negociar índices europeos como el FTSE 100, DAX, CAC40 y el Eurostoxx50 es en la sesión de la mañana. A partir de las 13:00 (GMT), los traders estadounidenses traen al mercado sus propias ideas, lo que puede revertir las tendencias de la mañana europea. Como trader con sede en Europa, prefiero operar los índices europeos en la mañana y los índices americanos en la tarde.

En mi experiencia, los traders estadounidenses operan independientemente de las sesiones europeas, aunque a muchos de ellos les gusta negociar el DAX u otros índices europeos. Los mercados estadounidenses son los más autónomos de todos, mientras que los mercados europeos siguen a los mercados americanos en la tarde europea. Si los índices europeos están en rojo, los futuros del pre-mercado americano siguen primero esta dirección. Pero para la apertura del mercado en Nueva York, ya todo ha cambiado.

C. Para Traders de Crudo

Los futuros del petróleo se negocian casi todo el día, pero la forma más eficaz de negociar crudo es centrarse en el horario estelar. Este *prime time* transcurre entre las 08:50 y 10:30 EST (13.50 - 15.30 GMT). Durante esta hora y media, se obtienen los mejores resultados. Esto se demuestra mediante evaluaciones estadísticas de los resultados de trading. Es crucial que el trader evite el primer minuto de la apertura del mercado de Nueva York. Este es el momento en que se abre el "pozo". A menudo se pueden esperar movimientos erráticos, ya que la información pre-mercado y las nuevas órdenes tienen que ser procesadas. Aún así, existe una excepción los miércoles, cuando los inventarios de crudo (Oil Market Report) se publican. Estos datos salen a las 10:30 EST (15.30 GMT). Es preferible que los traders de crudo esperen la publicación de los datos para empezar a negociar.

4. ¿Por qué el Scalping Ultra-Rápido es Mejor que Unas Cuantas Operaciones Bien Estudiadas?

Hemos llegado a la razón de ser de esta cuarta parte de la serie "¡El Scalping es Divertido!" Quiero discutir aquí las razones principales por las cuales los traders que "hacen todo bien" también fracasan. *Planifica la negociación y negocia la planificación.* Suena cliché. Decirle al trader que debe tener cuidado de preparar sus transacciones después de un análisis exhaustivo de los gráficos es como decirle a los jugadores de un equipo de fútbol que "en los primeros 90 minutos de juego deben estudiar el comportamiento del otro equipo antes de disparar al arco." Suena convincente y en muchas profesiones este proceso es a menudo la mejor manera de enfocar los objetivos. Esta máxima también se podría aplicar al trading así como la construcción de una casa o de un coche debe llevarse a cabo de acuerdo a criterios racionales y con un plan cuidadosamente preparado.

Sin embargo, con esta máxima se puede llegar a una conclusión equivocada en el trading. Comúnmente se cree que una estrategia de negociación debe ser diseñada como la construcción de una máquina. El problema es que las acciones o las divisas jamás se comportarán como las partes individuales de dicha máquina. En las leyes de la mecánica, puedes manipular las piezas de metal como mejor lo necesites para crear tu pieza de trabajo. Pero una vez entramos en el mercado, es bastante común que nos enfrentemos con situaciones que ya no son manejables o controlables. Imagina que vives en una ciudad donde las calles, plazas, casas y árboles no están en la misma posición que el día anterior, una posición con la cual ya te habías familiarizado.

En cambio, ahora te levantas y la calle donde vives ha cambiado de lugar, el cruce donde siempre giras ya no está y todos los demás caminos, edificios, gasolineras y centros comerciales se encuentran en diferentes locaciones. Todo de la noche a la mañana. Puede sonar surrealista, pero esto es exactamente lo que sucede cuando entras en el mercado de valores. Este es un mundo loco sin reglas y leyes racionales. La experiencia y conocimiento obtenidos de tu labor el día anterior podrían no ayudarte el día de hoy, teniendo en cuenta el uso limitado de herramientas como el análisis técnico.

Los grandes adeptos al análisis técnico también afirman que patrones conocidos como los patrones de seguimiento o reverso ya no funcionan en la actualidad la mayoría de las veces. ¿La razón? Estos patrones se han convertido en información pública. Creer que se reconoce un cierto patrón en un gráfico ya no representa una ventaja. A menudo, puede hasta suceder exactamente lo contrario de lo que se espera. Lo mismo se puede decir del resto de instrumentos disponibles del análisis técnico, tales como los indicadores u osciladores o cualquier otra cosa que los ingenieros hayan inventado. Estos instrumentos se basan, sin excepción, en datos del pasado. No dicen nada sobre los acontecimientos actuales del mercado y menos sobre los futuros.

Todo el análisis y las "confirmaciones" de estos indicadores sólo existen para satisfacer la necesidad de seguridad de la psique humana. Es lamentable que no ayuden. La incertidumbre siempre se mantendrá porque la inseguridad es la esencia del mercado de valores. Todas estas herramientas sólo están ahí para determinar entradas. Siempre se trata de esto: las entradas. Esta es también la pregunta más común que escucho: "Estimado Heiken Ashi Trader, ¿dime cuándo y dónde puedo entrar?" La verdad es que no lo sé. Tampoco puedo predecir el futuro, la cual es la verdadera pregunta que se me está haciendo. Toda la industria de trading trata de responder esta pregunta. Lo hace de una manera casi ingeniosa y hace muy buen dinero con ella.

Sabiendo que nadie y ningún sistema o análisis te ayudaran a decidir si comprar o vender algo, ¿qué criterio deberías usar entonces? Mi respuesta es tratar de desarrollar una relación experimental con los mercados financieros. Y estar dispuesto a revisar y ajustar tu decisión en cualquier momento, ya sea cerrar la posición o cambiar una decisión que hayas tomado segundos antes.

Para muchas personas, esta "flexibilidad" puede provocar ansiedad y hasta les puede impedir negociar en la bolsa de valores de por vida. Por eso te aconsejo realizar trading como si estuvieras bajando de un avión y conociendo una ciudad extranjera. Un turista es a menudo curioso y quiere encontrar las bellezas y sorpresas que ofrece la ciudad. No sé si la próxima operación traerá beneficio o pérdida. Sólo puedo intentarlo. Esa es la diferencia entre el arte de la ingeniería y el trading. Cuando negocias, siempre sigues siendo un aficionado, no importa cuántas décadas de experiencia tengas. Lo siento por este baño de realidad.

La experiencia en el trading se refiere más bien a la buena gestión del *stop management*. Un buen trader ha desarrollado una especie de mecanismo de protección en su interior que lo protege contra las pérdidas excesivas. A través de la repetición y la práctica constante de las paradas, se van grabando en su cerebro complejos patrones. En ellos, una serie de neuronas entrelazadas van permitiendo que un hábito específico se vaya formando. Estos hábitos hacen toda la diferencia entre un trader experimentado y uno inexperto. Por lo tanto, no se trata de un conocimiento puntual sobre las entradas, y tampoco de un conocimiento secreto que pueda predecir el futuro.

Estos nuevos hábitos tienen que ser practicados. La experiencia muestra que se requiere de tiempo y muchas repeticiones para que se formen estos patrones. Se sabe que un transbordador espacial de la NASA consume en los primeros minutos más combustible que en el resto del viaje. ¿Por qué? Al principio, el transbordador utiliza la mayor parte de su energía para superar las fuerzas de la gravedad. Una vez en el espacio y libre de la fuerza gravitacional de la tierra, el transbordador puede mantener el impulso y viajar sin resistencia alguna.

Esta es la dificultad a la que se enfrenta un principiante en el mercado de valores. En primer lugar, necesita una enorme cantidad de energía para formar buenos hábitos. Necesita invertir mucho tiempo y energía para alejarse de las garras de la codicia propia de la naturaleza humana y poder deambular confiadamente a través del cosmos del mercado de valores. Esta es la razón por la que encuentro la velocidad más importante que la perfección. Por lo tanto, los principiantes deben comenzar a ejecutar operaciones regularmente sin duda ni vacilación. Con esto, aprenden a pensar ágilmente y a reaccionar ante los cambios constantes y la incertidumbre propia del mercado de valores. Una vez que consigues encontrar el momentum como scalper, nada te puede detener.

Es por esto que los scalpers deben también centrarse en momentos de alta volatilidad. Estos momentos usualmente se presentan después del lanzamiento de una importante noticia económica y durante las horas pico de la jornada. La posibilidad de que un scalper entre en *flow* durante estos momentos es mucho más alta que durante las horas valle. Este flow, también llamado el estado de fluir, es un estado mental donde se presenta una implicación total en la actividad que estamos realizando. Actividad que se hace con completa disciplina y alegría. El éxito en el trading deriva de esta implicación, disciplina y alegría. Es por esto que es importante que los scalpers actúen sólo en momentos en que los movimientos son claros y sin ambigüedad. La diversión llega por sí misma, y el éxito la acompaña.

Mi formula para el éxito es por consiguiente: ¡Flow → Diversión → Éxito!

El inventor del término *flow* o fluir, el psicólogo norteamericano Mihaly Csikszentmihalyi, explica que la ocurrencia de sentimientos de flow genera objetivos claros, un enfoque completo en el hacer, un sentimiento de control sobre la actividad, la fácil capacidad de trascender el miedo o el aburrimiento y permitir que *el ahora* sea lo único que exista. Csikszentmihalyi también subraya que es importante que el trabajo se haga de manera lúdica. El trader que está en estado de flow hace de su labor algo creativo y artístico. De igual manera, es crucial que abandone la expectativa de éxito. Debe estar libre de miedo y preocupación. Esto es lo que sucede cuando un scalper opera en el mercado de una manera enfocada. No espera algo específico, simplemente opera libre de temor y actúa independientemente de los beneficios y las pérdidas. Es también ágil, está completamente concentrado e implicado en su actividad y no tiene ideas preconcebidas sobre la dirección que el mercado tomará en los próximos segundos o minutos.

Este fluir es, por lo tanto, un estado más que una técnica. Para experimentar este estado, todas las distracciones deben ser eliminadas. Estas distracciones incluyen el análisis y la reflexión extensiva sobre el mercado. Un trader que fluye con el mercado distingue su operación como la única cosa que existe en ese momento. Se olvida de todo y siente que lo demás "desaparece" a su alrededor.

Se deja llevar por su actividad. Es importante anotar que este estado de fluir no se limita al trading, ya que puede ocurrir en otras actividades. Muchos deportistas lo experimentan cuando están en su pico de rendimiento. Incluso los ahora *gamers* profesionales dan parte de este estado cuando se deben enfrentar a tareas muy rápidas y consecutivas que les generan grandes desafíos.

Los artistas también lo experimentan. Ninguna actividad artística se puede concebir sin fluir. Los músicos, pintores y escultores lo saben. La expresión más clara del flow se puede observar en una pareja de baile que flota sobre el piso sin aparente esfuerzo y está totalmente conectada con los sonidos de la música. En el caso del scalper, esto no significa perder el respeto por el mercado. Los scalpers pertenecen a la categoría de traders con mayor respeto por el mercado, porque saben que cualquier cosa puede ocurrir en él. Cuando un scalper fluye significa que todos sus sentidos estas inmersos en la actividad y que está preparado para responder a cualquier estimulo que el mercado ponga en su camino.

5. La Disciplina se da Mejor en el Flow

El trading contradice toda nuestra naturaleza humana. Si no se controla, podría ir en contra de lo que se nos ha enseñado mientras crecíamos. Comienza en el modo "quiero hacer lo correcto", continua en el modo "esperanza" y sigue en el modo "mi posición ha entrado en rojo, pero el mercado eventualmente podría cambiar a mi favor..." Entre más un trader se enfoque en una pérdida, más antes la angustia y los pensamientos negativos tomarán la ventaja. Esto por supuesto trae consecuencias desastrosas para su cuenta. Tan pronto como su "cabeza" toma el control sobre su trading, un pensamiento rebelde se va formando: "en ningún caso cerrarás las posiciones perdedoras." Los argumentos para sostener este pensamiento son numerosos y fáciles de encontrar. Aquí hay algunos ejemplos clásicos:

"El mercado aún puede cambiar."

"Necesito continuar en el soporte y volver a subir."

"Es imposible que el mercado pueda subir tanto, ya ha superado el ATR normal dos veces."

"Los precios exagerados siempre se corrigen."

"El mercado simplemente ha reaccionado exageradamente. Es sólo cuestión de tiempo hasta que vuelva a corregir la tendencia."

"El mercado siempre se devuelve y gira a este nivel. No puede tardar mucho más porque el Índice de Fuerza Relativa está en el área de sobrecompra."

"Según mis cálculos, el mercado ha agotado la extensión de Fibonacci".

Los argumentos del trader no descartan por qué algo debe diferir de lo que es. Este estado de negación es típico de los traders que "sólo ejecutan operaciones bien estudiadas" o "sólo operan sobre la base de escenarios y configuraciones completamente claras y evidentes." Estos escenarios perfectos no existen; se crean en una imaginación bastante hiperactiva y tales traders jamás lo admitirán. El hecho de que "el mercado" sea una entidad caótica e impredecible capaz de sufrir un giro de 180 grados en cualquier momento es convenientemente ignorado. Estos traders tratan de controlar este monstruo y arrebatarle sus secretos.

Sin embargo, pasa por alto el hecho de que no puede controlar al monstruo con el instrumento inadecuado: el pensamiento racional, desarrollado en la parte lógica y argumentativa de nuestro cerebro. En estructuras tan caóticas como el mercado de divisas o los índices bursátiles, esta parte lógica de la mente humana debe ser apagada. La mente racional está siempre en la búsqueda de "principios", "patrones recurrentes" que sean "operables" y que tengan "una alta probabilidad estadística de éxito". Este análisis técnico se ha difundido fuertemente entre los inversores minoristas en los últimos 20 años, satisfaciendo la ya mencionada necesidad humana por la seguridad. Antes, era el análisis fundamental instintivo el que estimulaba las decisiones de compra o venta. Hoy, el trader se refiere al análisis de gráficos como un instrumento con el que puede "leer" e "interpretar" los mercados.

Con esto no quiero menospreciar los méritos del análisis técnico. También he negociado sobre bases técnicas durante años, pero sin ganar dinero. El trader que acepta montar las olas de manera feliz y despreocupada, sin una segunda mirada a los gráficos tiene, al menos, la oportunidad de funcionar en el ahora y poder reaccionar a la evolución del mercado. Es esto lo que el trading en última instancia es: mi respuesta a lo que el mercado tiene por decir en cada momento. En días buenos, este trader podría entrar en flow y sorprenderse, al menos temporalmente, de "fluir con el mercado".

Este método de scalping que he practicado durante años no es infalible. Una vez más, habrá días de pérdida y fases del mercado donde no funcionará bien. Sin embargo, también puede traer mucha alegría y muchas ganancias, permitiendo también al trader ganar más práctica y experiencia. Como lo he dicho anteriormente, si no es divertido, simplemente deberías dejar de operar. Uno debe emprender el camino hacia estas altas fases del mercado (la mayoría de las veces después de la publicación de datos importantes) y tratar de hacer scalping con total coraje, confianza y audacia. Es en los movimientos rápidos de la compra y venta en donde obtengo las mayores ganancias. Mi récord personal es de 28 victorias consecutivas. Si entonces empiezan a aparecer las primeras pérdidas, a menudo es una señal de que o yo estoy cansado o el mercado lo está. Estas señales pueden significar una desaceleración temporal del impulso. Quizás la dinámica disminuyó y los movimientos actuales del mercado ya no son tan fáciles de negociar. Es aquí el mejor momento para tomar un descanso o incluso dejar de operar por el día.

El hecho es que los problemas de disciplina antes mencionados ocurren con una menor frecuencia en el scalping rápido que en las operaciones "bien ponderadas". Un trader en pleno flow sabe bien qué hacer cuando el mercado se vuelve de repente en su contra. Cierra su posición sin importar si está en ganancia o pérdida. Se mueve con decisión y actúa sin vacilación. El scalping ultra-rápido también promueve el cierre rápido de posiciones en pérdida y el pronto reclamo de los beneficios acumulados, algo también importante. En mi experiencia, dos de los problemas básicos del trading –el miedo y la codicia– se pueden controlar mejor en este escenario. Con este método, el comerciante no pierde tiempo para reflexionar. Es por eso que recomiendo el trading con órdenes de un solo clic utilizando este método. Si el trader tiene que abrir una carpeta e ingresar un número mientras el mercado corre en contra de su posición cada segundo, perderá puntos o pips importantes. Si el trader trabaja con órdenes de un solo clic, él está a sólo este clic de distancia de salir del mercado, el sitio perfecto en donde estar cuando las cosas empiezan a ir mal.

6. Instrumentos de Advertencia y Control

Ya conoces los fundamentos principales sobre cómo y cuándo hacer scalping. Ahora, la "única" tarea por hacer es efectivamente realizarlo. Esto puede sonar un poco difícil al principio, pero recuerda que todo el potencial del trading y del scalping no radica en la complejidad de la tarea como tal, sino en la repetición diaria de esta tarea. Es ahí donde reside la magia. Como he tratado de mostrar en la tercera parte de la serie "¿Cómo evalúo mis resultados de negociación?", basándonos en los resultados de trading anteriores, todo el potencial de la labor se va manifestando gradualmente. Es a través de la rutina diaria que el trader se covierte en un maestro de su arte. Esto también significa que debe aprender a discernir ciertas señales de advertencia que el mercado le va mostrando, las cuales le indican el mejor momento para detener su negociación.

El scalping en Forex se puede realizar durante todo el día, pero espero que este libro te haya mostrado las mejores horas para lograr el éxito. Si un scalper opera en mercados lentos y aburridos en lugar de mercados rápidos y dinámicos, su trading se volverá igual de lento y aburrido. No hay ninguna objeción contra esto al principio. Pero es necesario que los traders sepan que una actividad cerebral diferente comienza a desarrollarse tan pronto como empiezan a esperar resultados. Se distraen, y no están lo suficientemente enfocados como para monitorear sus operaciones como deberían. Por lo tanto, una desaceleración es una clara señal que su scalping debe parar.

El otro extremo también existe. Gracias a Dios rara vez sucede, pero hubo momentos en los últimos 15 años donde la volatilidad tomó dimensiones tan extremas que ya no era razonable pensar en negociarla. Durante la crisis del euro de 2011, vi el EUR/USD caer 50 pips, ¡a veces en un segundo! Era muy difícil para los traders mantener sus prácticas de gestión de riesgo consistentes en tales mercados. Es siempre aconsejable detener el scalping cuando se observan movimientos locos o extremos. Si no se puede parar, se debe por lo menos continuar con una fracción de la posición original.

La mejor y más importante herramienta de control para un negocio de trading es la cuenta. Nada te ofrece una mejor retroalimentación que el saldo de tu cuenta. Es dolorosamente cierto. Tu cuenta te indica si tu trabajo fue exitoso o no. Por eso sostengo que un trader no negocia el mercado, sino su cuenta. Puede que encuentres esta declaración absurda si piensas que el trading tiene algo que ver con gráficos y estrategias. No hay herramienta de monitoreo más importante en este negocio para un trader que su curva de equidad. Esta le muestra el progreso del balance de su cuenta, hora tras hora y día tras día. Estudiar la curva de equidad, su historia, el tamaño de las reducciones de capital y cuánto tiempo tarda en recuperarse de estas reducciones le ofrece al trader una retroalimentación invaluable.

Esto también es cierto desde una perspectiva intra-día. Si después de 20 buenas operaciones el trader se da cuenta de que las pérdidas empiezan a aumentar, él debe tomar un descanso, o detenerse por completo. Debe tomar aire fresco, despejar la cabeza y preguntarse si el mercado actual vale su tiempo. Si luego se da cuenta de que los movimientos en los precios cumplen con sus criterios para reanudar su scalping, puede continuar.

Si por el contrario el mercado se ha ralentizado, lateralizado o presenta indecisión en sus movimientos, lo mejor es detenerse, ya que es muy difícil negociar bajo estas condiciones. La mejor parte del día ya pudo haber transcurrido, por lo que es sabio recordar que siempre hay un mañana.

Lo aquí fácilmente escrito es mucho más difícil de llevar a cabo en la práctica. Algunos traders están obsesionados con los mercados y simplemente no pueden detenerse a pesar de los claros signos de advertencia. Siguen negociando e ignorando todas las señales. ¿El resultado? Tu suposición es tan buena como la mía. Sucede a menudo que estos traders terminan perdiendo todos los beneficios acumulados del día y más. No puedo enfatizar en esto demasiado: los trader exitosos saben cuándo no operar. Tal vez esta sea la regla de trading más importante después de todo.

Lastimosamente la mayoría de principiantes no saben esto. Ellos todavía están aprendiendo a distinguir entre los mercados buenos (para su estrategia) y los malos. Aprender es imprescindible si quieren tener éxito. Si no pueden parar, deben al menos reducir el tamaño de su posición. Si las cosas continúan por mal camino, por lo menos el daño a su cuenta se reduce.

Mi serie de pérdidas más larga en scalping fue de 15 operaciones. Leíste bien: quince pérdidas consecutivas. Podrías pensar que esto es estadísticamente imposible. Sin embargo, es posible. Me ocurrió a mí.

Es tan posible como la ya mencionada serie de 28 operaciones ganadoras en serie con mi método de scalping. Debo admitir que fue un mercado propicio para hacerlo. Los movimientos en el gráfico Heikin Ashi de 1 minuto eran claros y fáciles de advertir, por lo que cada operación fue un éxito. Después de la operación número 29 (la cual fue una pérdida) me detuve. Incluso apagué la computadora, porque sentí instintivamente que después de eso arruinaría todos mis beneficios.

Las cosas no siempre fueron tan afortunadas porque no siempre fui tan sabio. Rompí mi regla de dejar de operar tan pronto como perdía con demasiada frecuencia. Somos humanos. Cometemos errores y cometeremos aún más. Un trader no debe ser demasiado severo consigo mismo cuando viola sus propias reglas. En el trading nada está escrito en piedra y lo más probable es que lo siga haciendo una y otra vez. Pero las señales de advertencia de un trader son de vital importancia si quiere ganarse la vida negociando. Si aprende a respetar estas señales de advertencia, las que le proporcionan tanto el mercado como su cuenta, un trading exitoso estará mejor garantizado. Algo que terminará reflejándose en el saldo de su cuenta.

7. Sé Agresivo Cuando Ganes y Sé Defensivo Cuando Pierdas

Hemos recopilado importantes factores de éxito y aprendido cuándo hacer scalping y cuándo no. También hemos descubierto que la disciplina es más fácil de lograr en mercados rápidos que en mercados laterales y aburridos. Por último, hemos visto importantes instrumentos de advertencia y control, como las reducciones y las pérdidas repentinas. Lo que queda por estudiar es el factor clave del éxito: la gestión activa del tamaño de la posición.

Los comerciantes poseen tres tipos de "libertades" a la hora de operar: pueden decidir qué comprar (este es el campo del análisis fundamental), pueden decidir cuándo comprar (este es el campo del análisis técnico) y pueden decidir cuánto comprar (este es el campo de la gestión activa del dinero). Creo que el *cuánto comprar* no debe depender de cualquier algoritmo de tamaño de posición elegido al azar cuando se realice scalping. Las reglas fijas como "nunca arriesgues más del 1% de tu capital por transacción" son útiles en la etapa inicial. Es el primer control de gestión de riesgo. Pero esta regla puede ser un obstáculo en el largo plazo si deseas llevar a cabo una gestión de posición dinámica.

Esto tiene mucho que ver con lo que se ha dicho en los capítulos anteriores. Una vez que un scalper ha dominado el *timing*, ya tiene claro cuándo detener el scalping, lo que le permite ajustar el tamaño de su posición de acuerdo a los acontecimientos del mercado. Un scalper negocia con posiciones más grandes cuando las cosas van bien y reduce la posición cuando no es el caso. Considera esta situación. Un trader registra una serie de operaciones ganadoras en el Forex. En lugar de los 2 lotes habituales, ahora negocia con 5 lotes. De la nada, registra 2 pérdidas. ¿Debe continuar negociando con los mismos 5 lotes? Siempre soy partidario de establecer reglas simples y claras para lidiar con procesos complejos de toma de decisiones. Cuando un trader hace scalping, no tiene el tiempo necesario para realizar análisis exhaustivos sobre su gestión de dinero, ¡así que mantenlo simple! Si él experimenta dos operaciones perdedoras consecutivas, debe al menos reducir el tamaño de la posición a la mitad. Por lo tanto, si ha estado negociando con 5 lotes, esto significa que ahora debe hacerlo con 2 lotes hasta que vuelva a registrar operaciones exitosas.

Dos operaciones consecutivas en pérdida pueden verse también como una señal de advertencia. Un scalper sabe que dos operaciones perdedoras no son inusuales. Sin embargo, es una señal de que su sistema actual no ha podido ajustarse con éxito a la situación específica del mercado. Por lo tanto, debe ser más defensivo en esta situación. Si logra 7 operaciones ganadoras de manera consecutiva, esto es una señal de que su método se adapta al mercado actual. En esta situación puede darse el lujo de ser más agresivo y negociar con posiciones más grandes. Un buen scalper sabe cuándo es hora de encender el turbo con respecto al tamaño de su posición y cuándo no. Hay días en los que puede obtener $10.000 o más en la bolsa de valores y otros días en los que se puede dar por satisfecho con una ganancia de $250.

El objetivo de este libro es ayudarte a detectar los grandes días de negociación. Este es uno de los verdaderos secretos del negocio. Los buenos traders saben cuándo se sirve el banquete y también saben cuándo no vale la pena ir a cenar. Aquellos traders experimentados han aprendido a ir a cenar sólo en días de fiesta y a tener paciencia hasta que el momento oportuno llegue. Esto, que puede sonar fácil de hacer es en realidad difícil de dominar y requiere de gran disciplina. Pero siempre vale la pena. El trader principiante pronto se da cuenta de que los resultados de trading se dan de manera asimétrica. Los beneficios no se distribuyen de manera uniforme durante los 20 días de negociación por mes, como si ocurre en un trabajo regular.

Siempre he pensado en el trading como una especie de trabajo de oficina que se lleva a cabo diariamente con disciplina. Pero no funciona de esa manera. Si el trader o scalper opera de esta manera, los resultados serán mediocres en el mejor de los casos (como en casi todos los puestos de trabajo de oficina). El arte en el trading está justamente en la capacidad de aplicar el conocimiento en los días u horas de fiesta del mercado. Si un trader logra arriesgar su dinero sólo cuando realmente vale la pena y evita juguetear sin sentido, la posibilidad de que se encuentre entre el 5% de los ganadores en el mercado es muy alta.

El tamaño de una posición a veces depende del estado mental del trader en ese momento. Si está de mal humor, es mala idea tratar de compensar su mal humor con un enfoque agresivo en el mercado. Sé que esta tentación existe, pero es una gran falta de profesionalismo, sin contar con que es más que probable que no genere buenos resultados. Un buen scalper es, por lo tanto, un buen sismógrafo de sí mismo. Sabe a ciencia cierta cuándo estar activo y cuando puede operar con posiciones más grandes. Y también sabe por intuición cuando este no es el caso. Si su valoración es errónea, entonces el saldo de su cuenta lo obligará a abrir sus ojos.

Cada trader tiene también sus propios límites naturales. Existen algunos que experimentan una sensación de peligro cuando operan con más de un lote estándar. Cómo superar este límite depende de su capacidad para salir de su zona de confort. Conocí a un trader magnífico que nunca podía negociar más de 2 contratos de futuros en el E-mini y el mini-Dow, aunque tenía décadas de experiencia y casi todos los días generaba ganancias. Cuando le sugerí que negociara más contratos para ganar más dinero, me dijo que no lo haría, ya que su límite eran 2 contratos. Este trader conocía bien su propia zona de confort y la respetaba. Lo contrario, desafortunadamente, también existe. Hay traders que están sobreapalancados en el mercado. Algunos conocidos suelen arriesgar más del 10% de su capital de trading por transacción. Es sólo cuestión de tiempo para que encadenen 10 operaciones perdedoras consecutivas, y hasta ahí llegó el juego.

El trading y el scalping pueden ser muy lucrativos para aquellos individuos disciplinados que aprenden a superar sus límites naturales de temor a través de una creciente experiencia. Espero, con este libro, poder dar impulso a este éxito.

¡Te deseo, querido lector, la mejor de las suertes en tu trading y scalping!

Heikin Ashi Trader.

Más Libros del Heikin Ashi Trader

Cómo empezar un negocio de Trading con $500

Muchos traders que apenas empiezan en el negocio financiero cuentan con poco capital disponible para negociar. Pero esto no es un obstáculo para comenzar una carrera exitosa en el trading.

Sin embargo, este libro no trata sobre cómo convertir una cuenta de $500 en una de $500,000.

Son precisamente estas expectativas de retorno exageradas las que llevan a muchos traders novatos al fracaso.

Por el contrario, el autor explica de una manera bastante realista cómo puedes convertirte en trader de tiempo completo a pesar de contar con un capital limitado. Esto aplica tanto para traders que quieran realizar su actividad en privado como para aquellos que eventualmente desean negociar activos financieros en nombre de sus clientes.

Este libro muestra paso a paso cómo hacerlo. Además, contiene un plan de acción concreto para cada paso. En principio, cualquier persona puede ser un trader, si él o ella están dispuestos a aprender cómo funciona el negocio.

Tabla de Contenidos

1. ¿Cómo Hacerse Trader Con Tan Sólo $500 En La Cuenta?

2. ¿Cómo Adquirir Buenos Hábitos De Trading?

3. Conviértete En Un Trader Disciplinado

4. El Cuento De Hadas Del Interés Compuesto

5. ¿Cómo Negociar Con Una Cuenta De $500?

6. Trading Social

7. Habla Con Tu Agente

8. ¿Cómo Convertirse En Un Trader Profesional?

9. Negociando Para un Fondo de Cobertura

10. Aprende a Establecer Contactos

11. Conviértete en un Trader Profesional en 7 Pasos

12. $500 es Mucho Dinero

Glosario

Otros Libros de Trader Heikin Ashi

Sobre el Autor

Sello Editorial

Sobre el Autor

Heikin Ashi Trader es reconocido mundialmente como especialista en scalping con el gráfico Heikin Ashi, el cual ha utilizado durante 19 años en sus operaciones. Trabajó para un fondo de cobertura antes de iniciar su negocio como operador independiente. Su libro "¡El scalping es divertido!" es un bestseller internacional con más de 30.000 ejemplares vendidos. Puede encontrar más información sobre su método de scalping en su sitio web www.heikinashitrader.net.

Sello Editorial

Sello Editorial

© 2017 Heikin Ashi Trader

El trabajo, incluyendo todo el contenido de esta publicación, está protegido por derechos de autor. Todos los derechos reservados. Ninguna parte de esta publicación puede ser reimpresa o reproducida de ninguna forma ni por ningún medio, sea electrónico, mecánico, fotocopia o de otro tipo, sin el permiso expreso y por escrito del autor. Todos los derechos de traducción son reservados.

El uso de este libro y la implementación de la información contenida en él están expresamente bajo su propio riesgo. El trabajo, incluyendo todo el contenido, ha sido compilado con el máximo cuidado. Sin embargo, desinformación y errores de impresión no pueden ser completamente eliminados. El autor no asume ninguna responsabilidad por la actualidad, exactitud e integridad del contenido del libro, ni por errores de impresión. No puede haber responsabilidad legal, así como responsabilidad en cualquier forma por información errónea y consecuencias resultantes del autor. Para el contenido de las páginas de Internet impresas en este libro, los operadores de las respectivas páginas de Internet son los únicos responsables.

Primera Edición 2017

Texto: © Derechos de autor por Heikin Ashi Trader

Plaza de San Cristobal, 14

03002 Alicante, España

Todos los derechos reservados

www.ingramcontent.com/pod-product-compliance
Lightning Source LLC
Chambersburg PA
CBHW061203180526
45170CB00002B/931